헬렌 켈러는요!

생일
1880년 6월 27일 (미국)

별명
오뚝이

좋아하는 것
여행 다니며 사람들 만나기, 공부하기

싫어하는 것
아무것도 안 하고 혼자 있기

잘하는 것
사람들에게 용기와 희망 주기

못하는 것
포기하기, 부정적으로 생각하기

글 김경수

대학에서 책 만들기를 가르치고 있으며, 아이들과 스토리텔링을 활용한
책 읽기 프로그램을 진행하고 있습니다.
늦게 결혼하여 딸을 낳고, 그림책에 푹 빠져 버린 엄마이기도 합니다.
지금은 〈그림책이랑 놀자〉라는 글을 쓰고 있습니다.

그림 정주현

전북 남원에서 태어나 대학에서 시각 디자인을 공부했습니다.
출판사에서 일러스트레이터로 일하면서 그림을 그리게 되었습니다.
다양한 소재를 이용해서 따뜻하고 재미있는 그림을 표현하려 애쓰고 있습니다.
그린 책으로 〈거품괴물은 무서워〉, 〈설날까지 일곱밤〉, 〈쿵더쿵쿵더쿵 잔치 잔치 열렸네〉 등이 있습니다.

100인의 위인들 교과서 속 예술/활동가를 꿈꾸는 아이 헬렌 켈러
손끝으로 보고 세상을 향해 말하다

글 김경수 **그림** 정주현
펴낸이 남선녀 **기획 편집** 하늘땅 최문주 신지원 **디자인** 하늘땅 박희경 진서윤
펴낸곳 한국차일드아카데미 **주소** 경기도 고양시 일산동구 은마길 77 **전화** 1588-6759
출판등록 2001년 1월 19일(제5-175호) **홈페이지** www.ekca.co.kr

ⓒ (주)한국차일드아카데미
※ 잘못된 책은 교환해 드립니다.
이 책은 저작권법에 의해 보호를 받는 저작물이므로 무단전재와 무단복제를 금합니다.
주의: 책이 딱딱하여 다칠 우려가 있으니 던지거나 떨어뜨리지 않도록 주의하십시오.

손끝으로 보고 세상을 향해 말하다

글 김경수 그림 정주현

한국차일드아카데미

아무것도 보지 못하고
아무 소리도 듣지 못하는 아이가 있어.
헬렌이야.
두 살 때 크게 아픈 뒤로 그렇게 되었지.

헬렌이 보지도 듣지도 못한다고
정말 아무것도 모를까?
아니야.
헬렌은 손끝으로 만져만 보아도,
코끝에 스치는 냄새만 맡아도,
마룻바닥이 울리는 것을 느끼기만 해도,
알 수 있는 게 많아.

헬렌이 손을 잡아끌면,
"안아 달라고 하나 봐."
"아니야, 방으로 가자는 거야."

헬렌이 밀치면,
"왜 화가 난 거지?"
"아니야, 우리를 싫어하나 봐."

사람들은 헬렌의 행동을 보고
헬렌이 원하는 걸 어림잡을 뿐이었어.
무엇을 말하려고 하는지 콕 집어 알 수 없었지.

어느 여름날,
누군가 찾아왔어.

헬렌의 깜깜한 세상으로 성큼 들어온 사람은
바로 설리번 선생님이었지.

처음으로 헬렌과 설리번 선생님이 밥을 먹을 때였어.
헬렌은 여느 때처럼 맨손으로 음식을 집었지.
그런데 설리번 선생님은 그 음식을 뺏더니
뭔가 단단하고 길쭉한 걸 손에 쥐어 주었어.
헬렌은 그걸 던져 버리고는 설리번 선생님의 손등을 때렸어.
설리번 선생님도 헬렌의 손등을 때렸지.
헬렌은 깜짝 놀랐어.
지금까지 자기를 이렇게 대하는 사람은 없었거든.

뭔가 마음에 들지 않으면
헬렌은 마룻바닥을 데굴데굴 굴렀지.
하지만 설리번 선생님은 꿈쩍도 안 했어.
헬렌이 단단하고 길쭉한 걸 손에 쥘 때까지 말이야.

설리번 선생님은 자꾸 헬렌의 손바닥에 무언가를 썼어.
처음에는 손바닥이 간질간질해서 재미있었지.

하지만 기분이 좋지 않을 때
선생님이 손목을 붙잡고 있는 게 마음에 들지 않았어.
이번에도 헬렌은 마룻바닥을 데굴데굴 굴렀지.
하지만 설리번 선생님은 꿈쩍도 안 했어.
헬렌이 잠자코 있을 때까지 말이야.

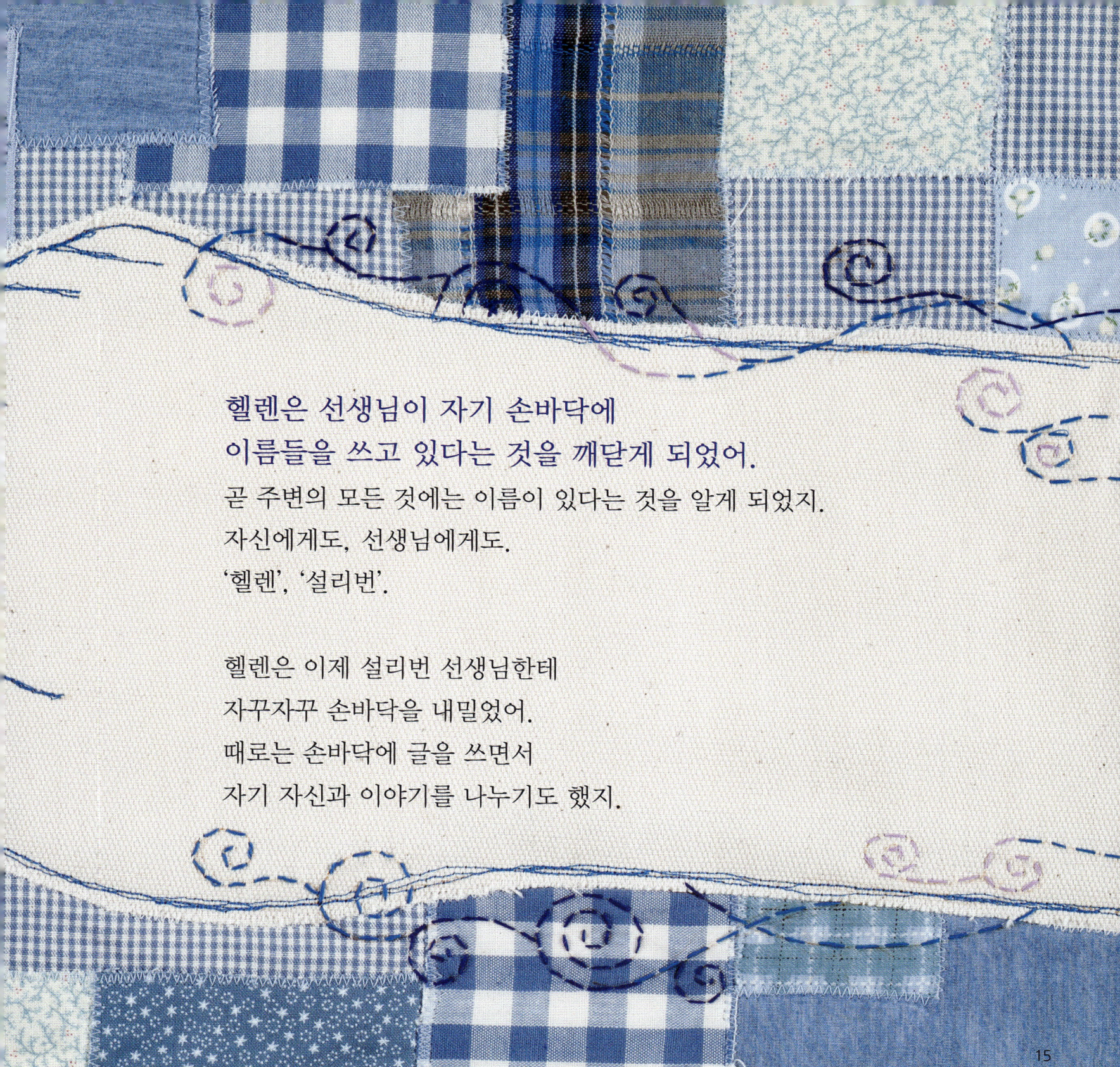

헬렌은 선생님이 자기 손바닥에
이름들을 쓰고 있다는 것을 깨닫게 되었어.
곧 주변의 모든 것에는 이름이 있다는 것을 알게 되었지.
자신에게도, 선생님에게도.
'헬렌', '설리번'.

헬렌은 이제 설리번 선생님한테
자꾸자꾸 손바닥을 내밀었어.
때로는 손바닥에 글을 쓰면서
자기 자신과 이야기를 나누기도 했지.

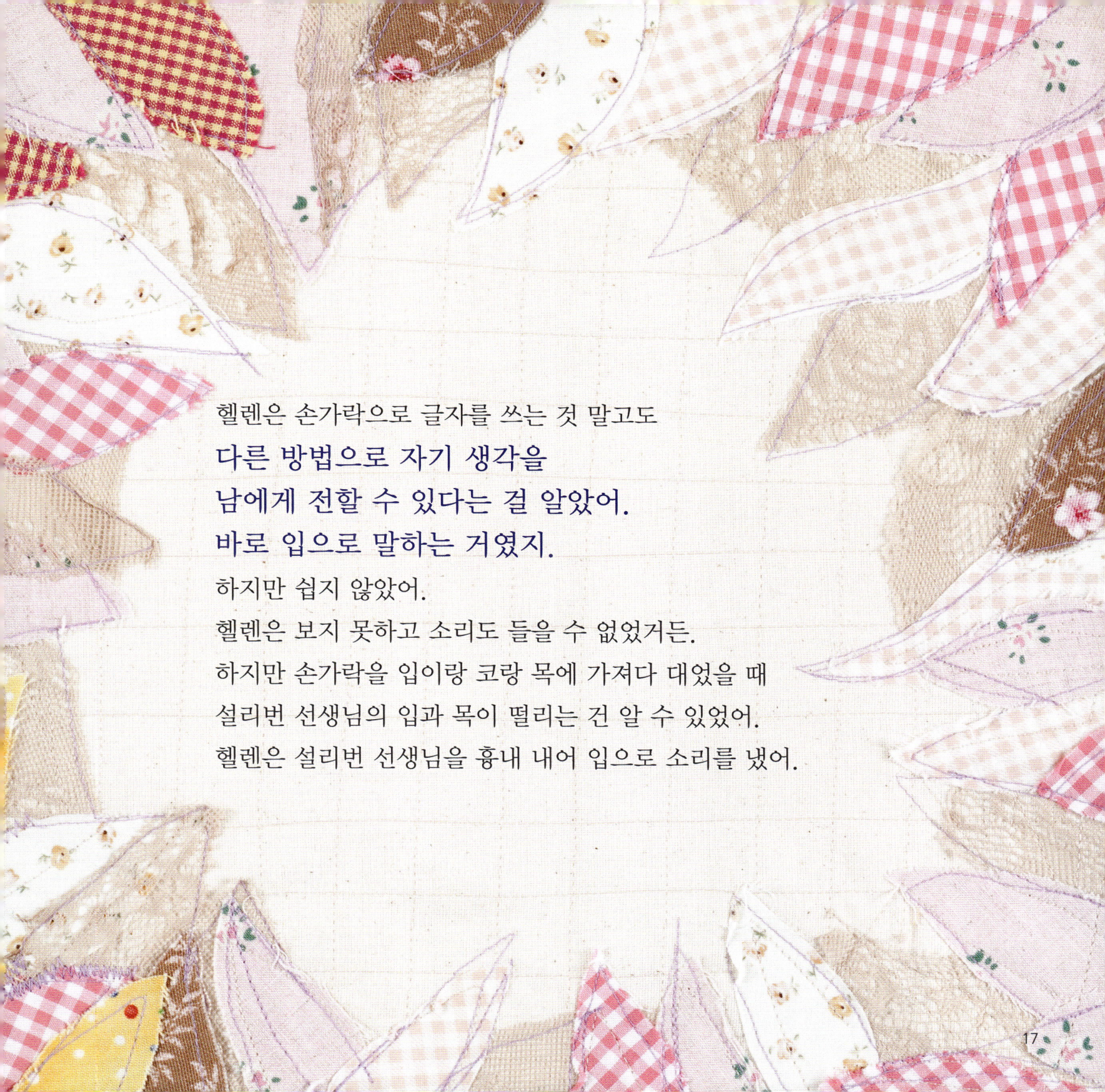

헬렌은 손가락으로 글자를 쓰는 것 말고도
**다른 방법으로 자기 생각을
남에게 전할 수 있다는 걸 알았어.
바로 입으로 말하는 거였지.**
하지만 쉽지 않았어.
헬렌은 보지 못하고 소리도 들을 수 없었거든.
하지만 손가락을 입이랑 코랑 목에 가져다 대었을 때
설리번 선생님의 입과 목이 떨리는 건 알 수 있었어.
헬렌은 설리번 선생님을 흉내 내어 입으로 소리를 냈어.

햇볕이 따뜻한 어느 날이었어.
헬렌은 설리번 선생님과 산책을 하다가 이렇게 말했어.
"나 으 씨 가 따 뜨 해.(날씨가 따뜻해.)"

헬렌은 더 이상 마룻바닥을 데굴데굴 구르지 않았어.
일기와 편지도 쓰고 떠듬떠듬 말할 수 있었지.
헬렌은 더 많은 걸 배우려고 대학에 갔어.

헬렌은 대학에서도 설리번 선생님의
도움을 받았어.
설리번 선생님은 헬렌을 그림자처럼
따라다니며 손바닥에 글자를 써 주었지.
헬렌은 올록볼록한 점자로 된 책을 읽으며
공부했어.
친구들이 쉴 때도,
친구들이 놀 때도 헬렌은 공부만 했어.
그래야 다른 친구들을 따라갈 수 있었으니까.

헬렌이 대학을 졸업할 수 있었을까?
물론이야.
그것도 아주 우수한 성적으로 말이지.
**헬렌은 설리번 선생님의 도움으로
더 넓은 세상으로 걸어 나왔어.**

헬렌은 수많은 나라를 돌아다니며 사람들 앞에서 이야기했어.
눈이 보이지 않고 귀가 들리지 않아도
꿈을 가질 수 있다고 말이야.

"고개를 숙이지 마세요!
세상을 똑바로 바라보세요."

세상 사람들은 헬렌의 말을 들으며 감동했어.
헬렌은 우렁찬 박수 소리를 온몸으로 느꼈지.